Christel Vogelsang

Window Color
Blütenzauber

CHRISTOPHORUS
BRUNNEN-REIHE

Inhalt

Blumen am Fenster

Mit Glas-Design-Farben, auch Window Color genannt, entstehen wunderschöne transparente Bilder fürs Fenster. Hier zeige ich Ihnen vor allem Blumenmotive – Rosen, Malven, Enzian, Margeriten, Tulpen, ... Aber auch die Gänseliesel und der Schweinhirte, freche Enten und ein turtelndes Vogelpärchen sind mit dabei.

Die Technik ist ganz leicht: Einfach mit der Farbe aus dem Fläschchen auf Folie oder auch direkt auf das Fenster malen. Zuerst die Kontur und nach dem Trocknen die Innenflächen auftragen. Wenn das Kunstwerk dann gut getrocknet ist, kann man es abziehen und nicht nur auf dem Fenster, sondern auf allen lackierten Flächen, Spiegel, Kühlschrank, Kacheln, anbringen.

Viel Freude beim Malen mit diesen schönen Farben wünscht Ihnen

Christel Vogelsang

So geht's

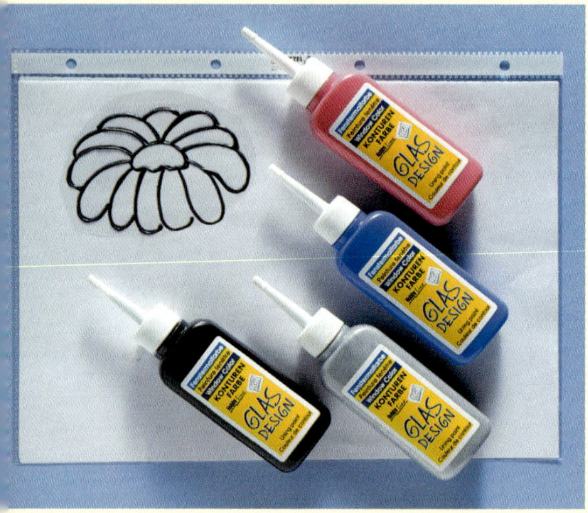

1 Das Motiv unter eine Folie legen. Die Konturen mit Konturenfarbe direkt aus der Tube oder mit dem Airliner der Firma C.Kreul auftragen. Dabei die Spitze etwas anhe-ben und die Farbe herauslaufen lassen. Diesen Farbstrang der Linie entlang führen und am Ende der Linie ablegen. Luftblasen sofort mit einer Nadel aufstechen und die entstandene Lücke mit Farbe schließen. Konturen etwa acht Stunden trocknen lassen.

2 Die einzelnen Flächen ausmalen. Auch hier wird direkt mit dem Fläschchen oder mit dem Konturenliner gemalt. Einen dicken Farbklecks auftragen und die Farbe mit der Spitze oder mit einem Zahnstocher verteilen. Nach dem Trocknen – das dauert etwa 24 Stunden – werden die Farben transparent und leuchtend. Das Bild kann jetzt vorsichtig von der Folie abgezogen und am Fenster angebracht werden. Kalte, unelastische Fensterbilder vor dem Ablösen mit einem Fön erwärmen.

Tipps & Tricks

- Die Folien müssen aus Polypropylen (PP) oder Polyethylen (PE) sein. Von einer PVC-Folie lässt sich das Glas-Design-Motiv nicht ablösen.
- Die Farben satt auftragen, sonst zerreißen die Bilder beim Ablösen.
- Trockenzeiten unbedingt einhalten, nie aus Ungeduld die Malerei abziehen, bevor alle Farben transparent geworden sind. Die Farbe „Kristallklar" trocknet langsamer, also länger als 24 Stunden!
- Die Konturen immer von innen nach außen und von links nach rechts auftragen, damit sie nicht verschmieren.
- Bei großen Motiven freie Zwischenräume mit Kristallklar ausfüllen, das gibt dem Bild mehr Festigkeit.
- Für Farbschattierungen die Farben direkt im Motiv vermischen. Die Farben mit einer Stecknadel ineinanderziehen.
- Zu dickflüssige Farbe etwas erwärmen, z. B. auf der Heizung.
- Die Motive können mit dem Fotokopierer verkleinert oder vergrößert werden. So können sie zum Beispiel der Größe eines Spiegels oder einer Kachel angepaßt werden.

Die Farben

Die Glas Design Farben der Firma C. Kreul gibt es in vielen verschiedenen Farbtönen, die untereinander mischbar sind. Alle Farbtöne können mit Schneeweiß aufgehellt oder mit Schwarz abgedunkelt werden.
Variationsmöglichkeiten bietet das Mischen der Konturenfarben, beispielsweise Schwarz mit Gold. Das geht gut in einem Fläschchen. Beim Vermischen nicht schütteln, sondern rühren, da sonst zu viele Luftblasen entstehen.

Rosen

Kontur
- Schwarz

Farben
- Rubinrot
- Schneeweiß
- Maigrün
- Olivgrün
- Pastellweiß
- Kristallklar
- Weiß-irisierend

Tulpen

Kontur
- Schwarz mit Bleifarbig gemischt

Farben
- Magenta
- Sonnengelb
- Maigrün
- Schneeweiß
- Orange
- Weiß-irisierend
- Kristallklar

Vorlagen
A, B, C

Rote Blüten

Kontur
- Schwarz

Farben
- Rubinrot
- Maigrün
- Olivgrün
- Goldgelb
- Kristallklar

Papagei

Kontur
- Schwarz mit Gold gemischt

Farben
- Signalrot
- Glitzer-Violett
- Goldgelb
- Hellbraun
- Olivgrün
- Maigrün
- Orange
- Bernstein
- Schneeweiß
- Kristallklar

Vorlagen
D und E

Blaue Rosen

Kontur

- Schwarz mit Gold gemischt

Farben

- Royalblau
- Schneeweiß
- Olivgrün
- Maigrün
- Kristallklar

Blütenzweig

Kontur

- Schwarz mit Bleifarbig gemischt

Farben

Blüten

- Royalblau
- Schneeweiß
- Maigrün
- Olivgrün
- Kristallklar

Schmetterling

- Schneeweiß
- Diamantblau
- Royalblau
- Kristallklar

Vorlagen F, G, H

Blumen-ranken

Kontur

- Schwarz mit Gold gemischt

Farben

- Magenta
- Schneeweiß
- Maigrün
- Olivgrün
- Goldgelb
- Bernstein
- Kristallklar

Vorlage J

Freche Enten

Kontur

- Bleifarbig

Farben

- Schneeweiß
- Orange
- Diamantblau
- Sonnengelb
- Royalblau
- Weiß-irisierend
- Kristallklar
- Konturblau

Für die Wolken Konturblau mit Kristallklar mischen.

Vorlagen

K und L

Rosen-bäumchen

Kontur

- Grün
- Schwarz

Farben

- Royalblau
- Diamantblau
- Maigrün
- Olivgrün
- Kristallklar

Margeriten

Kontur

- Schwarz mit Gold gemischt

Farben

- Schneeweiß
- Goldgelb
- Royalblau
- Diamantblau
- Maigrün
- Olivgrün
- Kristallklar

Vorlagen

M und N

Gänseliesel

Kontur

- Schwarz mit Gold gemischt
- Schwarz
- Gelb
- Weiß

Farben

- Schwarz
- Kristallklar
- Weiß-irisierend
- Pastellweiß
- Schneeweiß
- Hellbraun
- Maigrün
- Moosgrün
- Sonnengelb
- Orange
- Fleischfarben
- Kirschrot
- Royalblau
- Diamantblau

Für den Rasen Maigrün mit Moosgrün durchziehen.

Vorlagen

O und P

Blütenpracht

Kontur
- Schwarz mit Gold gemischt
- Gelb

Farben
Enzian
- Royalblau
- Schneeweiß
- Maigrün
- Olivgrün
- Moosgrün
- Frost
- Kristallklar

Blüten
- Rubinrot
- Schneeweiß
- Sonnengold
- Maigrün
- Olivgrün
- Kristallklar

Schmetterling
- Schwarz
- Schneeweiß
- Rubinrot

Hummelchen
- Sonnengelb
- Rubinrot

Vorlagen
Q und R

Bunter Strauß

Kontur

- Schwarz mit Bleifarbig gemischt

Farben

- Mohnrot
- Maigrün
- Olivgrün
- Sonnengelb
- Schneeweiß
- Kristallklar

Malvenblüte

Kontur

- Schwarz mit Bleifarbig gemischt

Farben

- Koralle
- Schneeweiß
- Maigrün
- Moosgrün
- Sonnengelb
- Kristallklar

Vorlagen

S und T

Rosenstrauß

Kontur

- Rot-transparent
- Grün-transparent

Farben

- Rubinrot
- Goldgelb
- Maigrün
- Olivgrün
- Kristallklar

Enzianstrauß

Kontur

- Schwarz mit Gold gemischt
- Gelb

Farben

- Royalblau
- Schneeweiß
- Maigrün
- Olivgrün
- Kristallklar

Vorlagen
U und V

Birne & Apfel

Kontur

- Schwarz mit Gold gemischt

Farben

- Goldgelb
- Mohnrot
- Maigrün
- Weiß-irisierend
- Hellbraun
- Kristallklar

Vorlage W

Malvenbaum

Kontur

- Schwarz mit Gold gemischt
- Grün

Farben

- Magenta
- Schneeweiß
- Maigrün
- Hellbraun
- Olivgrün
- Kristallklar

Rosenbaum

Kontur

- Schwarz mit Gold gemischt

Farben

- Sonnengelb
- Orange
- Maigrün
- Olivgrün
- Bernstein
- Kristallklar

Vorlagen

X und Y

Vogelpaar

Kontur

- Schwarz mit Gold gemischt

Farben

- Schwarz
- Bernstein
- Royalblau
- Diamantblau
- Hellbraun
- Maigrün
- Sonnengelb
- Schneeweiß
- Weiß-irisierend
- Kristallklar

Vorlage Z

Impressum

ISBN 3-419-56122-9

Neu bearbeitete Auflage 2000

Lektorat:
Maria Möllenkamp

Styling und Fotos:
Roland Krieg, Waldkirch

Covergestaltung und Layoutentwurf:
Network!, München

Coverrealisierung:
smp, Freiburg

Produktion:
Carsten Schorn, Merzhausen

Druck:
Freiburger Graphische Betriebe

Wir sind für Sie da, wenn Sie Fragen zu AutorInnen, Anleitungen oder Materialien haben. Und wir interessieren uns für Ihre eigenen Ideen und Anregungen. Faxen, schreiben Sie oder rufen Sie uns an. Wir hören gerne von Ihnen!
Ihr Christophorus-Verlag

Christophorus-Verlag GmbH
Hermann-Herder-Str. 4
79104 Freiburg
Tel.: 0761/ 27 17-0
Fax: 0761/ 27 17-3 52
oder e-mail:
info@christophorus-verlag.de

Aus der Brunnen-Reihe

3-419-56128-8

3-419-56125-3

3-419-56120-2

3-419-56119-9

3-419-56118-0